BEI GRIN MACHT SICH IHR WISSEN BEZAHLT

Eva-Maria Krüger

Kroatien als Beitrittskandidat für die EU

GRIN Verlag

Bibliografische Information der Deutschen Nationalbibliothek:

Die Deutsche Bibliothek verzeichnet diese Publikation in der Deutschen National-
bibliografie; detaillierte bibliografische Daten sind im Internet über http://dnb.d-
nb.de/ abrufbar.

Impressum:

Copyright © 2005 GRIN Verlag GmbH
Druck und Bindung: Books on Demand GmbH, Norderstedt Germany
ISBN: 978-3-638-67188-0

GRIN - Your knowledge has value

Der GRIN Verlag publiziert seit 1998 wissenschaftliche Arbeiten von Studenten, Hochschullehrern und anderen Akademikern als eBook und gedrucktes Buch. Die Verlagswebsite www.grin.com ist die ideale Plattform zur Veröffentlichung von Hausarbeiten, Abschlussarbeiten, wissenschaftlichen Aufsätzen, Dissertationen und Fachbüchern.

Besuchen Sie uns im Internet:

http://www.grin.com/

http://www.facebook.com/grincom

http://www.twitter.com/grin_com

FOM Fachhochschule für Ökonomie & Management Essen

Kroatien als Beitrittskandidat zur EU
Ein Balkanstaat in der EU

Studium zur Diplom-Kauffrau (FH)

Fach EU-Recht

Eva-Maria Krüger

5. Hochschulsemester
Wintersemester 05/06

21.01.2006

I

A) Inhaltsverzeichnis

A) Inhaltsverzeichnis _____ I

B) Abkürzungsverzeichnis _____ II

C) Abbildungsverzeichnis _____ III

D) Tabellenverzeichnis _____ III

1. Einleitung _____ 4

    1.1 Vorgehensweise _____ 5

    1.2 Aufbau der Seminararbeit _____ 5

2. Die Europäische Union _____ 6

    2.1 Entwicklung der Europäischen Gemeinschaften _____ 7

    2.2 Gründe für eine EU-Erweiterung _____ 9

    2.3 Kopenhagener Kriterien _____ 11

3. Kroatien _____ 13

    3.1 Kroatiens Geschichte _____ 13

    3.2 Geographie Kroatien _____ 14

    3.3 Bevölkerung in Kroatien _____ 15

    3.4 Staatsaufbau Kroatien _____ 16

        3.4.1. Innenpolitik _____ 17

        3.4.2. Außenpolitik _____ 18

        3.4.3. Minderheitenpolitik, Kriegsfolgen, Situation der Flüchtlinge ___ 20

    3.5 Wirtschaftliche Lage in Kroatien _____ 21

        3.5.1. Außenhandel und Auslandsinvestitionen _____ 22

        3.5.2. Tourismus _____ 23

    3.6 Infrastruktur in Kroatien _____ 24

    3.7 Kultur, Medien, Bildung _____ 25

4. Kroatien als Mitgliedsland der EU _____ 27

    4.1 Die Balkanländer als EU-Mitgliedsstaaten _____ 27

    4.2 Beziehungen zwischen der EU und Kroatien _____ 27

    4.3 Fortschrittsbericht 2005 von Kroatien _____ 29

    4.4 Zusammenfassung _____ 32

5. Fazit _____ 33

6. Literaturverzeichnis _____ 34

B) Abkürzungsverzeichnis

aaO	am angegebenen Ort
BIP	Bruttoinlandsprodukt
bspw.	beispielsweise
bzw.	beziehungsweise
CARDS	Community Assistance for Reconstruction, Development and Stabilisation
DC	Demokratisches Zentrum
EAG	Europäische Atomgemeinschaft
EEA	Einheitliche europäische Akte
EG	Europäische Gemeinschaften
EGKS	Europäische Gemeinschaft für Kohle und Stahl
EU	Europäische Union
EWG	Europäische Wirtschaftsgemeinschaft
GASP	Gemeinsame Außen- und Sicherheitspolitik
HDZ	Kroatisch Demokratische Gemeinschaft
HNS	Kroatische Volkspartei
HSLS	Sozialliberale Partei
IStGH	Internationaler Strafgerichtshof
IWF	Internationaler Währungsfond
JVA	Jugoslawische Volksarmee
MOE	Mittel- und Osteuropa
NATO	North Atlantic Treaty Organisation
OSZE	Organisation für Sicherheit und Zusammenarbeit in Europa
v.a.	vor allem
vgl.	vergleiche
WTO	World Trade Organisation
z.B.	zum Beispiel

C) Abbildungsverzeichnis

Abbildung 1: Satellitenbild der EU _____ 6

Abbildung 2: Historische Übersicht der EU-Beitritte_____10

Abbildung 3: Kroatien und seine Nachbarstaaten_____14

D) Tabellenverzeichnis

Tabelle 1: Geschichte, Struktur und Verträge der Europäischen Union_____ 8

1. Einleitung

„Wie viel Europa verträgt Europa? Hat die EU ihre Aufnahmekapazität bereits erreicht oder vielleicht schon überschritten?"

Nach der großen Aufnahmerunde 2004 von zehn weiteren Staaten in die EU, besteht die EU nun aus 25 Mitgliedsstaaten. Die einen sind sehr gut entwickelt und haben keine Probleme den Kopenhagener Kriterien gerecht zu werden, andere kämpfen mit Problemen aus der Vergangenheit und sind nicht so weit entwickelt wie andere. Hinzu kommen unterschiedliche Denkweisen, Kulturen und Religionen, die man vereinen muss.

All das stellt die EU und ihre Mitglieder vor große Herausforderungen und Probleme, die es zu bewältigen gilt. Da ist Zusammenarbeit der Gemeinschaft gefragt und ein finanzieller Aufwand seitens der EU, damit die potenziellen Mitgliedsstaaten die für den Beitritt notwendigen Reformen umsetzen können. Doch umso mehr Mitgliedsstaaten der EU angehören, desto schwieriger wird es Entscheidungen durchzusetzen, für die ein einstimmiger Beschluss notwendig ist.

Nachdem die Osterweiterung stattgefunden hat, wurden nun auch mit den Balkanstaaten wie Kroatien Verhandlungen aufgenommen, womit eine weitere Kultur und weitere Länder mit kommunistischer Vergangenheit einen Beitritt in Aussicht gestellt bekommen, in denen es viele grundlegende Probleme gibt wie die Gleichberechtigung von Minderheiten.

Es ist an der Zeit, dass die EU sich Gedanken darüber macht, wie viele Mitglieder sie noch aufnehmen kann ohne die Integrationsdynamik zu verlieren, die sie aufgebaut hat. Bleibt auch die Frage wie man den kommenden Bewerberländern einen Beitritt abschlagen will, wenn laut Gesetz grundsätzlich jeder Staat einen Beitritt beantragen kann.

Im Folgenden geht es um Kroatien als potenziellen Mitgliedsstaat der EU, womit ein Balkanland der EU 2009 beitreten könnte.

1.1 Vorgehensweise

Zur Erarbeitung des dargestellten Themas wurde wie folgt vorgegangen:

* Recherche in Hochschulbibliotheken
* Internetrecherchen

Die verwendete Literatur war dabei zwischen wenigen Monaten und 9 Jahren alt um zum einen Aktualität zu gewährleisten und zum anderen Entwicklungen der letzten Jahre in der EU und in Kroatien aufzuzeigen.

1.2 Aufbau der Seminararbeit

In der vorliegenden Seminararbeit wird zunächst die EU vorgestellt mit den bisherigen Beitritten und den Kopenhagener Kriterien. Im Anschluss wird ein Überblick über den Beitrittskandidaten Kroatien gegeben um im letzten Teil die Beziehungen zwischen der EU und Kroatien darzustellen und anhand der Kopenhagener Kriterien den EU-Beitritt Kroatiens zu bewerten.

6

2. Die Europäische Union

Die Europäische Union, die am 01.11.1993 gegründet wurde, besteht mittlerweile aus 25 Staaten mit insgesamt 456,9 Millionen Einwohnern (Stand 2005)[1], die auf einer Fläche von 3.975.000 km² leben. Die Hauptstadt der EU ist Brüssel. Die Währung in der EU ist zu einem großen Teil der Euro neben zahlreichen anderen Währungen, da nicht alle Mitglieder der Währungsunion beigetreten sind z.B. Großbritannien.

Die Organe der EU sind der Europäische Rat, die Europäische Kommission, der Ministerrat (Rat der Europäischen Union) und das Europäische Parlament. Hinzu kommen der Europäische Gerichtshof, der Europäische Rechnungshof sowie die Europäische Zentralbank als Nebenorgane.

Die folgende Abbildung zeigt ein Satellitenbild von Europa wie es geographisch definiert ist.

Abbildung 1: Satellitenbild der EU

Quelle: http://de.wikipedia.org/

Oberstes Ziel der Europäischen Union ist es ein ausgewogenes Wirtschaftswachstum in einer sozialen Marktwirtschaft zu fördern sowie die Umweltqualität zu stei-

---

[1] http://de.wikipedia.org/, 10.01.06

gern. Dabei sollen Ausgrenzung und Diskriminierung von Minderheiten bekämpft und die Förderung von Gerechtigkeit und sozialem Schutz verstärkt werden[2].

2.1 Entwicklung der Europäischen Gemeinschaften

1950 gab es noch keine EU im heute bekannten Sinne. 1950 wurden die französische und deutsche Kohle- und Stahlproduktion in einer supranationalen unabhängigen Organisation zusammengelegt, wonach 1951 Frankreich, Deutschland, Italien, Belgien, Niederlande und Luxemburg die EGKS gründeten, die einen gemeinsamen Markt für Stahl und Kohle schaffen sollte. Das ursprüngliche Ziel der EGKS war die Friedenssicherung nach den zwei Weltkriegen und kleineren Kriegen in europäischen Ländern. Um das zu erreichen, sollte der Wohlstand verbessert werden und eine gegenseitige Abhängigkeit zwischen den Mitgliedsstaaten aufgebaut werden.

1957 wurden die Römischen Verträge, von den Gründungsmitgliedern beschlossen. Der EWG-Vertrag hat das Ziel Schranken für Waren und Dienstleistungen abzubauen, während der EAG-Vertrag eine friedliche Nutzung und Kontrolle der Kernenergie erzielen soll. Mit dem Fusionsvertrag wurden 1965 schließlich die Organe und Institutionen der EGKS, der EWG und der EAG zusammengelegt.

In den folgenden Jahren traten Dänemark, Irland, Großbritannien, Griechenland, Spanien und Portugal den Gemeinschaften bei.

1987 trat die Einheitliche Europäische Akte (EEA) in Kraft, womit eine Europäische Union geschaffen werden sollte sowie das Europäische Parlament gestärkt, ein Binnenmarkt geschaffen und die politische Zusammenarbeit in Europa institutionalisiert werden sollte.

Mit den Maastrichter Verträgen wurde die EU als Dachorganisation der EG gegründet um eine gemeinsame Außen- und Sicherheitspolitik zu fördern und im Be-

---

[2] http://de.wikipedia.org/, 10.01.06

reich Justiz und Inneres zusammenzuarbeiten. Hauptziel war die Schaffung einer Wirtschafts- und Währungsunion.

Nach dem Beitritt Österreichs zur Union wurde der Amsterdamer Vertrag geschlossen um das Europäische Parlament erneut zu stärken. Mit dem Vertrag von Nizza wurden die Zusammensetzung und Funktionsweise der Organe verändert und das Mehrheitsprinzip ausgebaut. Mit den Beschlüssen von Kopenhagen bekamen Estland, Litauen, Lettland, Polen, Ungarn, Tschechische Republik, Slowakische Republik, Slowenien, Malta und Zypern die Möglichkeit der EU 2004 beizutreten. Die folgende Tabelle zeigt die geschichtliche Entwicklung der Gemeinschaften.

Tabelle 1: Geschichte, Struktur und Verträge der Europäischen Union

Geschichte, Struktur und Verträge der Europäischen Union							
1952	1958	1967	1993	1999	2003	?	

Europäische Gemeinschaften (EG)

Europäische Union (EU)

Europäische Gemeinschaft für Kohle und Stahl (EGKS bzw. Montanunion)

Europäische Atomgemeinschaft (EAG bzw. Euratom)

Europäische Wirtschaftsgemeinschaft (EWG)

Europäische Gemeinschaft (EG)

Justiz und Inneres (JI) Polizeiliche und justizielle Zusammenarbeit in Strafsachen (PJZS)

Gemeinsame Außen- und Sicherheitspolitik (GASP)

Vertrag von Paris Vertrag von Rom Fusionsvertrag Vertrag von Maastricht Vertrag von Amsterdam Vertrag von Nizza Europäische Verfassung

Quelle: http://de.wikipedia.org/

2.2 Gründe für eine EU-Erweiterung

Die Gründe für eine Erweiterung der EU sind zum einen politische und zum anderen wirtschaftliche.

Politisch gesehen ist eine Erweiterung der EU notwendig um den Herausforderungen der nächsten Jahre, vor allem im Zuge der Globalisierung, gewachsen zu sein. Mit einem vereinten Europa und einer gemeinsamen Außenpolitik können internationale wirtschaftliche und politische Aufgaben effektiver angegangen werden. Die politischen Ziele sind dabei Frieden, Freiheit, Sicherheit, politische Stabilität und wirtschaftlicher Wohlstand in Europa. Ziel ist es Europa zum „wettbewerbsfähigsten und dynamischsten Wirtschaftsraum der Welt"[3] zu machen, was auf der Forderung der Mitgliedsstaaten basiert, die sich in der Welt durchsetzen wollen. Die EU nimmt dabei die Aufgabe war, als „Stabilitätsanker"[4] für die übrigen Staaten Europas zu agieren und diesen die Möglichkeit zu geben der Union beizutreten, damit auch sie in einer erweiterten Gemeinschaft ohne Binnengrenzen leben, arbeiten und wirtschaften können sowie wirtschaftliche Ungleichheiten beseitigt werden können.

Die wirtschaftlichen Gründe sind, dass mit einem Beitritt vieler Länder ein hohes Wirtschaftswachstum, neue Märkte und wachsende Konkurrenz allen Mitgliedern zugute kommen. Der Euro als Leitwährung der Union kämpft dabei mit dem US-Dollar und dem Yen als weltweite Leitwährung angesehen zu werden.

Konkrete Ziele sind hohes Beschäftigungsniveau, stetiges Wirtschaftswachstum, Steigerung der Wettbewerbsfähigkeit, Verbesserung des Lebensstandards, Beseitigung von wirtschaftlichen Ungleichgewichten und die Förderung der besseren Zusammenarbeit und Solidarität zwischen den Mitgliedsstaaten.

Durch die zahlreichen Beitritte im Laufe der Jahre hat sich die EU flächenmäßig weiter vergrößert, was mit der folgenden Grafik veranschaulicht wird.

---

[3] http://de.wikipedia.org/, 14.10.06
[4] http://www.auswaertiges-amt.de, 14.01.06

Abbildung 2: Historische Übersicht der EU-Beitritte

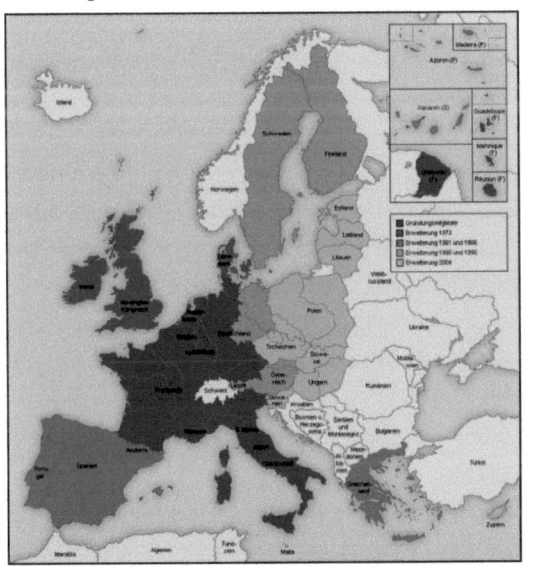

Quelle: http://de.wikipedia.org/

Zu den 25 bisherigen Mitgliedsstaaten könnten bald weitere Mitglieder hinzukommen. Bulgarien und Rumänien könnten im Jahr 2007 beitreten, wenn sie alle Kriterien bis dahin erfüllen und von der Türkei, Kroatien, Mazedonien, Marokko sowie der Schweiz liegen formelle Beitrittsanträge vor. Marokko kann als nichteuropäischer Staat der EU nicht beitreten. Mit der Türkei wurden nach einer vorherigen Ablehnung aufgrund verschiedener Mängel (wirtschaftlicher Rückstand, unbefriedigende Menschenrechtssituation) Verhandlungen aufgenommen. Kroatien und Mazedonien wurden von der EU als potenzielle Kandidaten akzeptiert[5]. Einigen Staaten hat die EU keine Beitrittsperspektive eröffnet wegen der Größe, der Geographie oder des Entwicklungsstandards, dazu gehören Ukraine, Weißrussland, die Kaukasusstaaten und Russland.

---

[5] Vgl.: Streinz, Rudolf, „Europarecht", Seite 41-42

2.3 Kopenhagener Kriterien

Grundsätzlich kann jeder europäische Staat der EU beitreten, internationale Organisationen sind ausgeschlossen.

Der antragstellende Staat muss die in Artikel 6 Absatz 1 genannten Grundsätze (Freiheit, Demokratie, Achtung der Menschenwürde und Rechtsstaatlichkeit) achten, was sich auf den politischen Teil der Kopenhagener Kriterien bezieht. Hinzu kommen wirtschaftliche Kriterien sowie weitere aus der Mitgliedschaft erwachsende Verpflichtungen und ein von der EU selbst auferlegtes Kriterium. Problematisch ist die Bewertung dieser Kriterien, weil man bspw. Achtung der Menschenrechte nicht einfach messen kann.

1. Politische Kriterien
   a. Parlamentarisch-rechtsstaatliche Demokratie
   b. Förderung der Freiheit und Demokratie durch Achtung der Menschenrechte und Grundfreiheiten sowie freier politischer Wahlen
   c. Schutz von Minderheiten
   d. Gewaltenteilung mit einer unabhängigen Justiz.

2. Wirtschaftliche Kriterien
   a. Offene Marktwirtschaft mit freiem Wettbewerb oder vergleichbare Wirtschaftsordnung um Teil des Binnenmarktes zu werden und dem Wettbewerb standzuhalten
   b. Übernahme wirtschaftlicher und sozialer Verpflichtungen
   c. Keine Verpflichtung zum Beitritt zur Währungsunion, aber konvertible Währung, die sich am Europäischen Wechselkursmechanismus beteiligt, notwendig

3. Weitere Verpflichtungen aus der Mitgliedschaft
   Ein Beitrittsstaat hat grundsätzlich alle Recht wie die Mitgliedsstaaten sowie alle damit verbundenen Pflichten.
   a. Volle Übernahme der politischen Pflichten:
      Teilnahme an einer Wirtschaftsgemeinschaft, dem Raum der Frei-

heit, der Sicherheit und des Rechts im Sinne des EU-Vertrages, Teilnahme an der GASP (Gemeinsame Außen- und Sicherheitspolitik)

b. Volle Übernahme des „gemeinsamen Besitzstandes" (acquis communautaire)

4. Viertes Kopenhagener Kriterium: Aufnahmefähigkeit der EU

a. Aufnahme weiterer Mitglieder ohne europäische Integration zu verlangsamen

b. Fähigkeit „ein Land besonderer demographischer Größenordnung, eines bestimmten Entwicklungsstandes und eines anderen Kulturkreises aufnehmen zu können, ohne die eigene Identität zu verlieren und einen Stillstand oder Rückschritt des europäischen Integrationsprozesses hervorzurufen"[6].

c. Betrifft die Institutionszusammensetzung, finanzielle Konsequenzen für die gemeinsame Agrar- und Strukturpolitik sowie die zukünftige soziale Homogenität der Union.

---

[6] Oppermann, Thomas, „Europarecht", aaO Seite 701

3. Kroatien

3.1 Kroatiens Geschichte

Am 25. Juni 1991 feierte Kroatien die Unabhängigkeitserklärung, wodurch Kroatien ein halbes Jahr später durch Deutschland als unabhängiges Land gemeinsam mit anderen Staaten der Europäischen Gemeinschaft anerkannt wurde. Kroatien gehörte davor zum ehemaligen Jugoslawien.

Nach dem Ende des ersten Weltkrieges löste sich Kroatien von Österreich und Ungarn, woraufhin italienische Truppen die Ostküste besetzten. Daraufhin forderte der Nationalrat der Slowenen, Kroaten und Serben im November 1918 die Vereinigung Kroatiens mit dem Königreich Serbien, woraus das Königreich der Serben, Kroaten und Slowenen entstand. Die Kroaten lehnten die Monarchie ab und verlangten die Gründung einer Republik. 1929 wurde das Parlament aufgelöst und der Staat wurde in Königreich Jugoslawien umbenannt.

Nachdem Deutschland 1941 in das Königreich Jugoslawien einfiel, wurde eine faschistische Diktatur im Unabhängigen Staat Kroatien errichtet, die Serben, Juden und Roma sowie kroatische Antifaschisten systematisch verfolgte, wobei es keine demokratischen Wahlen mehr gab. Kurze Zeit später gab es einen bewaffneten Aufstand von kroatischen Kommunisten gegen das Regime. Nach dem Kriegsende wurde Kroatien eine von sechs Teilrepubliken der neu gegründeten Föderativen Volksrepublik Jugoslawien.

Mitte der 80er Jahre wurde das Ende der sozialistischen Ära in der Sowjetunion eingeläutet, wobei vor allem Slowenien und Kroatien einen Umbau Jugoslawiens zu einer Konföderation und eine Umorientierung zur parlamentarischen Demokratie und Marktwirtschaft forderten. Die von Slobodan Milosevic regierte Republik Serbien setzte sich für einen zentralisierten jugoslawischen Gesamtstaat unter kommunistischer Herrschaft ein.

1990 gab es die ersten freien Wahlen nach einem halben Jahrhundert (Wahlbeteiligung 83,5%, für die Souveränität stimmten 93,2%) und Kroatien erklärte 1991 seine Unabhängigkeit, was 1992 international anerkannt wurde[7]. Der Wechsel von einer Einparteiendiktatur zu einer parlamentarischen Demokratie verlief problemlos.

Die jugoslawische Armee versuchte die Unabhängigkeitsbestrebungen von Kroatien, Slowenien und von Bosnien-Herzegowina militärisch zu unterbinden, wodurch 1991 bewaffnete Auseinandersetzungen zwischen den Volksgruppen begannen. Es begann ein Krieg, in dem die Jugoslawische Volksarmee (JVA) Ziele in Slowenien und später in Kroatien bombardierte. 1991 hatte die JVA fast ein Drittel Kroatiens eingenommen. Es entstand ein Bürgerkrieg, bei dem viele Zivilisten starben. Die EG und die Vereinten Nationen bemerkten das spät und griffen zu spät in den Krieg gegen Serbien mit Sanktionen ein und beaufsichtigten den serbischen Rückzug vom kroatischen Gebiet. Viele kroatische Städte waren da bereits zerstört. Die Auseinandersetzung endete 1995 mit einer kroatischen Militäroperation zur Zurückeroberung des kroatischen Gebietes von den Serben mit dem Vertrag von Dayton.

3.2 Geographie Kroatien

Die folgende Grafik zeigt die geographische Lage Kroatiens.

Abbildung 3: Kroatien und seine Nachbarstaaten

Quelle: http://de.wikipedia.org/

---

[7] http://www.auswaertigesamt.de, 14.01.06

Wie man sieht ist Kroatien durch Bosnien-Herzegowina getrennt und liegt an der wichtigen Donau-Wasserstraße, die Ost- und Mitteleuropa verbindet.

Kroatien (kroatisch: Hrvatska) ist ein mitteleuropäisches und mediterranes Land mit einer Landfläche von 56.538 km² und einer Meeresfläche von 31.900 km² sowie einer Küstenlänge von 5.470 km mit ca. 1185 Inseln[8]. Das Land ist größtenteils gebirgig und hügelig. Kroatiens Währung ist Kuna und die Zeitzone MEZ (UTC +1). Kroatiens Hauptstadt ist Zagreb und die längsten Flüsse sind die Drau (kroatisch: Drava) und die Save (kroatisch: Sava), die die Grenzen zu Ungarn und Bosnien-Herzegowina bilden.

Das Klima ist im Norden und Osten Kroatiens kontinental, im Gebirge alpin und an der Adria mediterran, weshalb Kroatien ein beliebtes Touristenziel ist.

Kroatien hat eine geostrategisch-wichtige Position zwischen Mittel- und (Süd)Osteuropa, weil sich das Staatsgebiet auch kulturell zwischen den west- und oströmischen Kulturkreisen befindet. Dadurch kann Kroatien weder eindeutig Mitteleuropa noch Südosteuropa zugeordnet werden. Kulturhistorisch können die Landesteile nördlich der Save zu Ostmitteleuropa gezählt und die Teile Zentralkroatiens südlich der Save samt Istrien und Dalmatien zu Südosteuropa gezählt werden.

3.3 Bevölkerung in Kroatien

In der Hauptstadt Kroatiens Zagreb leben ca. 780.000 Einwohnern, inklusive der Vororte 1 Million Einwohner. Insgesamt leben in Kroatien 44,4 Millionen Menschen, von denen 90% Kroaten sind, die übrigen 10% setzen sich aus 4,5% Serben sowie Italienern, Ungarn, Deutschen, Slowenen, Slowaken, Bosniaken, Tschechen, Albanern, Ruthenen, Roma und Mazedoniern zusammen.

---

[8] http://www.deutschebotschaft-zagreb.hr/, 14.01.06

Die Landessprache in Kroatien ist kroatisch und die Amtssprache ungarisch, daneben werden vereinzelt serbisch und italienisch gesprochen. 90% der Bevölkerung sind römisch-katholisch, 4% serbisch-orthodox und 1% muslimisch.

Die Lebenserwartung in Kroatien beträgt 75 Jahre und seit einigen Jahren sinken die Geburtenraten, wodurch eine rückläufige Bevölkerungsentwicklung von ca. -0,03% entsteht. Die Analphabetenquote beträgt 1,5%[9].

1995 floh der größte Teil der serbischen Einwohner bei der Rückeroberung der serbisch kontrollierten Gebiete in Westslawonien, Norddalmatien, der Lika und der Banija nach Bosnien-Herzegowina und teilweise weiter nach Serbien. Den ca. 50.000 Serben, die direkt am bewaffneten Aufstand von 1991-1995 beteiligt waren, wird von der kroatischen Regierung eine generelle Amnestie gewährt, so lange keine Kriegsverbrechen nachgewiesen können. Die Serben leben heute vor allem in Ostslawonien, der Lika, der Banija, dem Hinterland Norddalmatiens sowie in Zagreb und Rijeka. Die italienische Minderheit lebt hauptsächlich an der Westküste Istriens. Die Ungarn und Slowaken hingegen leben im Osten, die Tschechen im Westen Slawoniens. Die Bosniaken, Albaner und Mazedonier leben über das Land verstreut, meist in den großen Städten.

3.4 Staatsaufbau Kroatien

Kroatien wird als Zentralstaat mit einer parlamentarischen Demokratie verwaltet, der in 20 Bezirke (kroatisch: Zupanija auf Deutsch „Gespanschaften" oder „Komitate") und die Verwaltungseinheit Zagreb eingeteilt ist, zu denen 543 kleine Städte und Gemeinden gehören, die zwischen 1.000 und 5.000 km² groß sind[10]. Jede Zupanija wählt eine Gespanschaftsversammlung, an dessen Spitze der Gespan steht, der von der Gespanschaftsversammlung gewählt und vom Staatspräsidenten bestätigt wird.

Die Verfassung Kroatiens folgt dem Grundsatz der Gewaltenteilung und enthält einen umfassenden Katalog von Grundrechten und Grundfreiheiten. Die Judikative

[9] Vgl.: 3D Weltatlas, Wissen Digital, Kroatien
[10] http://de.wikipedia.org/, 14.01.06

ist unabhängig. Die Kompetenzverteilung wurde grundlegend verändert, indem man sich nicht mehr auf den Staatspräsidenten konzentriert, sondern ehemalige Befugnisse des Staatspräsidenten auf die Regierung und das Parlament verlagert. Der Staatspräsident hat weiterhin wichtige Kompetenzen in der Außenpolitik, bei der Regierungsbildung, den Parlamentswahlen und der Kontrolle des Militärs und der Nachrichtendienste.

Seit 2001 wird eine Verwaltungsreform umgesetzt, die eine Dezentralisierung zum Ziel hat und die kommunale Selbstverwaltung garantieren soll. So sollen die Provinzen und Kommunen gestärkt werden.

3.4.1 Innenpolitik

Die Regierungsform in Kroatien ist die parlamentarische Demokratie mit einem Mehrparteiensystem, zu der ein Staatschef (HNS Volkspartei), sein Vertreter (Präsident des Parlaments (HDZ), ein Regierungschef (HDZ) und ein Außenminister (HDZ) gehören.

Das Parlament, auf Kroatisch „Sabor", besteht aus einer Kammer mit 152 Abgeordneten und es besteht ein Verhältniswahlrecht mit 5%-Klausel, was sich auf bestimmte Wahlkreise bezieht. Zudem gibt es 8 Abgeordnete für nationale Minderheiten. Die letzte Wahl fand 2003 statt.

Die Regierungsparteien haben 80 Sitze im Parlament, wobei diese Koalitionsregierung aus zwei Parteien, der konservativen Kroatisch Demokratischen Gemeinschaft (HDZ) mit 66 Sitzen und dem Demokratischen Zentrum (DC, Mittekonservativ) mit einem Sitz besteht. Die Opposition hat 72 Sitze inne. Unterstützt wird die regierende Koalition von folgenden Parteien:

- der Rentnerpartei (HSU) mit 3 Sitzen
- der Sozial-liberalen Partei (HSLS) mit 2 Sitzen
- der Kroatisch Demokratischen Bauernpartei (HDSS) mit einem Sitz
- Minderheitenabgeordneten mit 7 Sitzen, unter denen drei serbische Parteien vertreten sind.

Die politischen Themen, die momentan am meisten diskutiert werden, sind der angestrebte EU-Beitritt und die damit verbundene Modernisierung als Voraussetzung für die Integration in die EU, die Privatisierung und die Auslandsverschuldung sowie das Verhältnis zur eigenen Vergangenheit.

Im Zusammenhang mit den politischen Themen werden folgende Reformen von der Regierung und dem Parlament angestrebt:

- Umgestaltung des Steuersystems
- Reduzierung des Personalbestandes in öffentlicher Verwaltung
- Militär- und Nachrichtendienste
- Umwandlung des Staatsrundfunks in rechtlich-öffentliche Anstalt
- Reform des Kindergeldes und der Rentenversicherung
- Privatisierung der Staatsbetriebe
- Schaffung von Investitionsanreizen
- Gesetze über „Gebiete unter besonderer Verantwortung des Staates" für den Wiederaufbau der kriegszerstörten Gebiete[11]

Reformen im Sozialbereich, vor allem hinsichtlich der staatlichen Gesundheitsfürsorge, sowie notwendige Justizreformen stehen noch aus.

3.4.2 Außenpolitik

Kroatien ist Mitglied in verschiedenen internationalen Organisationen:

- Vereinte Nationen seit 1992
- Zentraleuropäische Initiative seit 1992
- Internationaler Währungsfonds (IWF) seit 1992
- Europarat seit 1996
- Welthandelsorganisation (WTO) seit 2000
- NATO-Partnerschaft für den Frieden seit 2000

---

[11] http://www.auswaertiges-amt.de, 14.01.06

Kroatien hat seit dem 2004 den Status eines offiziellen Beitrittskandidaten zur EU und strebt zusätzlich eine Aufnahme in die NATO an. Dabei hat sich Zagreb in der Frage des neuen Internationalen Strafgerichtshofs (IStGH) an die Empfehlungen der EU gehalten und hat im Gegensatz zu anderen Ländern Ostmitteleuropas entschieden, US-Bürgern keine Immunität vor der Verfolgung durch den IStGH zu gewähren.

Kroatien arbeitet gut mit seinen Nachbarstaaten zusammen, indem der politische Kontakt gepflegt wird und diverse bilaterale Verträge geschlossen wurden und werden. Außerdem partizipiert Kroatien an Projekten des Stabilitätspaktes für Südosteuropa.

Eine besondere Bedeutung hat Deutschland als Handelspartner Nummer Zwei für Kroatien, weil enge und gute politische, wirtschaftliche sowie kulturelle Beziehungen zwischen den Ländern bestehen. Die beiden Staaten pflegen einen intensiven politischen Austausch und kooperieren im Rahmen des Stabilitätspakts für Südosteuropa, wobei Kroatien von Deutschland unterstützt wird in Form von Beratungs- und Bildungsmaßnahmen und humanitärer Hilfe in kriegszerstörten Gebieten sowie bei den nötigen Reformen zur Angleichung an das europäische Recht.

Viele deutsche Unternehmen wie die Telekom, Siemens und Krupp investieren in Kroatien, weshalb ein Abkommen über den gegenseitigen Schutz von Investitionen zwischen Deutschland und Kroatien beschlossen wurde.

Die Grundlage der kulturellen Zusammenarbeit ist ein Kulturabkommen, dessen Schwerpunkte die Mobilitätsförderung in der Wissenschaft und den Hochschulen und die Förderung der deutschen Sprache in Kroatien sind. Neben dem Goethe-Institut und dem Deutschen Akademischen Austauschdienst sind zahlreiche deutsche politische Stiftungen in Zagreb vertreten.

3.4.3 Minderheitenpolitik, Kriegsfolgen, Situation der Flüchtlinge

Es gibt in Kroatiens Politik sensible Bereiche, die überlegt angegangen werden müssen. Das sind die Minderheitenpolitik, der Umgang mit den Kriegsfolgen sowie die Situation der Flüchtlinge.

In Kroatien leben viele Minderheiten, die seit 2002 Freiheiten genießen können wie die Möglichkeit freier politischer Betätigung, öffentliche Äußerung und kulturelle Autonomie. Die Minderheiten sind mit einer geringen Anzahl von Köpfen im Parlament vertreten und haben Anspruch auf eine Vertretung in kommunalen Gremien. In Gebieten, in denen die Minderheiten stark vertreten sind, werden Sprache und Schrift der Minderheiten mit der kroatischen gleichgesetzt. Außerdem werden die Minderheiten finanziell von der kroatischen Regierung unterstützt um am kulturellen Leben teilnehmen zu können und die gleichen Bildungschancen zu haben.

Die Innenpolitik und die wirtschaftliche Entwicklung werden durch die Kriegsfolgen belastet, weil unterentwickelte Gebiete Kroatiens nach dem Krieg noch mehr zerstört wurden und der Wiederaufbau sowie die Minenräumung einen hohen materiellen und menschlichen Ressourceneinsatz erfordern. Kroatien wird dabei von der EU, Deutschland und anderen Staaten unterstützt.

Der Krieg von 1991-1995 zwang einige Menschen dazu das Land zu verlassen, die teilweise zurückkehren. 320.000 Personen sind als Flüchtlinge in Kroatien registriert, wovon ein Drittel Serben sind. Einige Flüchtlinge warten in Serbien und Montenegro und Bosnien-Herzegowina darauf nach Kroatien zurückkehren zu können, was durch rechtliche und tatsächliche Hindernisse nicht möglich ist, die Kroatien aber in Zusammenarbeit mit den Aufenthaltsländern der Flüchtlinge beseitigen möchte. Die wesentlichen Hindernisse, die einige Flüchtlinge dazu veranlasst haben eine Integration im Aufnahmeland anzustreben, sind folgende:

- Schlechte wirtschaftliche Situation der früheren Kriegsgebiete
- Offene Eigentumsfragen
- Fehlende Erwerbsmöglichkeiten
- Zerstörte Infrastruktur
- Gefährdung durch Landminen

Der Wiederaufbau der ehemaligen Kriegsgebiete und die Rückkehr der Flüchtlinge wird von der OSZE, der EU und den Vereinten Nationen beobachtet und begleitet.

3.5 Wirtschaftliche Lage in Kroatien

Das Bruttoinlandsprodukt (BIP) lag 2003 bei 8.238 Euro pro Kopf, während die Auslandsverschuldung 2004 22.139 Millionen Euro betrug. 2005 beliefen sich die Auslandsschulden auf 24.139,6 Millionen Euro. Die Inflationsrate ist niedrig, die Arbeitslosenquote hoch, aber insgesamt rückläufig.

Kroatiens Wirtschaft, die sich nach einer langen Rezession seit 2000 stetig erholt, befindet sich in einem Umwandlungsprozess von einer sozialistischen Wirtschaftsform der Arbeiterselbstverwaltung zu einer Marktwirtschaft, was durch den Krieg von 1991 bis 1995 erschwert wird. Verbessert hat sich die wirtschaftliche Lage Kroatiens durch den Tourismus und öffentliche Investitionen.

Weitere Probleme der kroatischen Wirtschaft sind der Liquiditätsmangel, fehlende Rechtssicherheit, die mangelnde Sozialversicherung, Produktivitätsrückstände und der hohe Bestand an staatlichen Betrieben.

Die Wirtschaftsleistung nach Wirtschaftssektoren teilt sich wie folgt auf:

- 59% Dienstleistungen
- 32% Industrie
- 9% Landwirtschaft

Der Dienstleistungsbereich, das verarbeitende Gewerbe, der Schiffsbau und der Tourismus sind die wichtigsten Wirtschaftszweige Kroatiens. Nachdem der Tourismus in den Neunzigerjahren zurückging, lebt er seit 2000 auf und ist die wichtigste Einnahmequelle an der dalmatinischen Küste, in der für die Zukunft weitere Zuwächse erwartet werden.

Für den Export ist die Produktion von Wein bedeutend. Allerdings steckt auch die kroatische Landwirtschaft in einer Krise, weil Kroatien sich dazu verpflichtet hat, den zollfreien Import hoch subventionierter landwirtschaftlicher Billigimporte aus der EU zuzulassen.

Es gibt regional starke Unterschiede in der Wirtschaftkraft, was sich daran zeigt, dass Nordkroatien sehr wohlhabend ist, Dalmatien und die Gebirgsregion im Gegensatz dazu weit zurück liegen.

3.5.1 Außenhandel und Auslandsinvestitionen

Maschinen- und Transportzubehör, Schiffe, Bekleidung und Chemikalien sind die Produkte, die am meisten exportiert werden, was 2003 zu einem Exportvolumen von 6.355 Millionen USD führte. Die Hauptabnehmer sind Italien, Bosnien-Herzegowina, Deutschland, Slowenien und Österreich. Über die Hälfte des Außenhandels wird bereits mit europäischen Staaten abgewickelt. Die wichtigsten Importeure für Kroatien sind Italien, Deutschland, Slowenien, Russland, Österreich und Frankreich.

Seit 2002 hat Kroatien einen zollfreien Zugang zu den EU-Märkten, was ebenfalls für Einfuhren aus der EU gilt. Durch die Annäherung an die EU und das in 2005 umgesetzte Stabilisierungs- und Assoziationsabkommen werden wichtige wirtschaftliche Impulse für das Land erwartet, sowohl im Im- als auch im Export. Da es ein Defizit im Export gibt, erhofft sich Kroatien von der Liberalisierung des Marktes weitere Investitionen.

Die Auslandsinvestitionen der letzten Jahre erfolgten vor allem in folgende Branchen: Telekommunikation, Kreditwirtschaft, pharmazeutische Industrie, Zementherstellung, Hotel- und Gastgewerbe, Immobilienwirtschaft, Einzelhandel, Fleischverarbeitung und Großhandel. Dabei ist die Deutsche Telekom der größte Investor, während sich viele andere ausländische Investoren zurückhalten aufgrund hoher Produktionskosten und Probleme bei der Durchsetzung von Rechtsansprüchen.

3.5.2 Tourismus

Der Tourismus hat eine lange Tradition in Kroatien, die bis ins 15. Jahrhundert reicht. Ziel der kroatischen Regierung ist es einen Tourismus zu fördern, der mit der Natur und Kultur Kroatiens in Einklang gebracht wird. 7,5% des Landes stehen unter Naturschutz, was sich in den nächsten Jahren auf 15% verdoppeln und auch von den Touristen geachtet werden soll. Es gibt 8 Nationalparks und 10 Naturparks in Kroatien sowie viele Kulturdenkmäler verschiedenster Epochen, welche jährlich von hunderttausenden Touristen besucht werden. In Kroatien bestehen im Tourismus noch nicht erschlossene Entwicklungspotenziale, die es zu nutzen gilt.

Es gibt bereits ein großes Freizeitangebot für Touristen wie Segeln (auf den 1.246 Inseln), Kreuzfahrten, Kongresstourismus, Natur-, Öko-Tourismus, Städtetourismus (v.a. Zagreb, Dubrovnik und Split), Kultur, Wallfahrtsorte, Fischer-, Taucher- und Jagdtourismus sowie Urlaub auf dem Bauernhof.

Der Tourismus ist für die Küstenbewohner der wichtigste Wirtschaftszweig. Der Küstenstreifen zieht von Mai bis Oktober Besucher aus ganz Europa an. 2004 waren es 9,4 Millionen Touristen, die nach Kroatien kamen, davon 1,6 Millionen aus Deutschland. Das entsprach 2004 47,4 Millionen Übernachtungen.

Ein weiterer Pluspunkt für Kroatien ist der hohe Wasserreichtum sowie die hohe Wasserqualität. Kroatien zählt zu den 30 wasserreichsten Staaten dieser Erde. Europaweit steht Kroatien mit 32.828 m² an erneuerbaren Wasserreserven pro Einwohner an dritter Stelle und gehört damit zu den seltenen Staaten, deren Bevölkerung Trinkwasser mittels öffentlicher Wasserversorgungssysteme gesichert wird. Die kroatische Adria gehört zu den saubersten Badegewässern Europas, was vor allem daran liegt, dass Kroatien keine größeren Industriestaaten in Küstennähe hat, die die Gewässer verunreinigen könnten. Zahlreiche Strände in Kroatien wurden mit der internationalen blauen Flagge ausgezeichnet, die international ein Symbol für hohe Umweltstandards und gute Sanitär- und Sicherheitseinrichtungen im Hafen- und Badestellbereich darstellt.

3.6 Infrastruktur in Kroatien

Es gibt fünf internationale Flughäfen in Kroatien sowie einen Flughafen für den Regionalverkehr. Mittlerweile fliegen neben den etablierten Airlines verschiedene Low-Cost-Fluglinien nach Kroatien. In Kürze wird es eine Interkontinentalverbindung von Zagreb nach Nordamerika geben und der Flughafen in Zagreb soll in diesem Jahr einer grundlegenden Modernisierung unterzogen werden.

Die Autobahnen in Kroatien gehören zu den modernsten und sichersten Autobahnen Europas, was vor allem daran liegt, dass die meisten erst vor kurzem gebaut wurden und dass in Kroatien sehr großen Wert auf die Sicherheit auf Autobahnen gelegt wird. Es werden noch immer viele Autobahnen im ganzen Land gebaut, weil in den letzten 20 Jahren vor der Unabhängigkeit Kroatiens, als es noch zum ehemaligen Jugoslawien gehörte, keine großen Projekte verwirklicht werden konnten. Daher wird der Autobahnbau in Kroatien heute als ein Symbol der Einheit, des wirtschaftlichen Aufschwungs und des Zusammenhalts gesehen und systematisch vorangetrieben, wodurch die Autobahndichte sehr hoch ist, obwohl Kroatien noch immer mit den Folgen des Kommunismus zu kämpfen hat. Die Forcierung des Autobahnbaus ist für den Tourismus von enormer Bedeutung, weil viele Touristen mit dem Auto anreisen. Auf allen kroatischen Autobahnen besteht eine Mautpflicht.

Eine Besonderheit Kroatiens ist, dass das Land auf dem Festland durch einen anderen Staat geteilt wird. Der südliche Teil des Landes wird durch einen Streifen um die Stadt Neum, die zu Bosnien und Herzegowina gehört, getrennt. Mit einer geplanten Brücke kann die süddalmatinische Bevölkerung ohne Pass ins Landesinnere reisen.

Busse sind das populärste und günstigste öffentliche Verkehrsmittel in Kroatien. Der Busverkehr ist gut entwickelt und man kommt schnell von der Hauptstadt zu weit entfernten Winkel Kroatiens. Auch in die Nachbarstaaten gibt es viele internationale Busverbindungen sowie nach Deutschland, Österreich, in die Schweiz und andere europäische Staaten. Alle Busse sind klimatisiert und bieten einen angenehmen Reisekomfort, womit sie europäischen Standards entsprechen.

Es führen wichtige Bahnstrecken von Zagreb in große Städte Kroatiens sowie nach Slowenien, Ungarn, Bosnien und Herzegowina und Serbien. Die Gesamtlänge des Schienennetzes in Kroatien beträgt 20.022 km, wobei der Bahnverkehr nicht so gut ausgebaut ist wie der Busverkehr. Das Bahnnetz bedarf einer Modernisierung, weil der Kommunismus hier seine Spuren hinterlassen hat. Heute sind 19.039 km der Strecken nicht elektrifiziert, verlaufen einspurig und sind kurvenreich. Der Bahnverkehr soll durch den Einsatz der international hoch anerkannten Pendolini-Neigezüge revitalisiert werden.

Es gibt mehrere große Seehäfen in Kroatien. Der größte Hafen ist der in Rijeka an der kroatischen Nordküste, der den tiefsten Zugang für große Schiffe in der gesamten Adria ist. Der Industriehafen Ploce in Süddalmatien hat für die Wirtschaft von Bosnien und Herzegowina eine strategische Bedeutung. Der größte kroatische Passagier- und Fährhafen ist in Split, der Hauptstadt von Dalmatien, der als „Tor zu den Inseln" bezeichnet wird aufgrund der vielen kleinen Inseln vor Kroatiens Küste.

3.7 Kultur, Medien, Bildung

Die Kultur Kroatiens ist durch die lange Zugehörigkeit zu Ungarn, Österreich und Italien geprägt. Viele der Hafenstädte haben ein italienisches Flair, wohingegen Slawonien eine osteuropäische Kulturlandschaft aufweist. In den jeweiligen Regionen gibt es lokale Aktivitäten um die dort vorherrschende Kultur und somit den Kulturreichtum zu pflegen.

Als bedeutende kulturelle Veranstaltungen lassen sich die Karnevalsveranstaltungen, internationale Theaterfestivals, klassische und moderne Konzerte, Lesungen von internationalen Schriftstellern, Puppenspiele und Kindertheater, Kurzfilme, Folklore Festivals, Tanzkunst, Ritterspiele mit jahrhundertealter Tradition und Kunstausstellungen nennen.

Die Medienlandschaft ist vielseitig und es gibt neben staatlichen Sendern und Privatsendern mehrere lokale Fernsehsender und zahlreiche lokale Radiosender. Viele Kroaten nutzen die Möglichkeit über Satellit ausländische Fernsehsendungen zu empfangen. Zu den Printmedien gehören regionale und überregionale Tageszeitungen, Wirtschaftszeitungen, zahlreiche Wochenzeitschriften sowie ein satirisches Wochenblatt.

In Kroatien gibt es eine achtjährige Schulpflicht. Nach dieser Zeit kann man sich entscheiden auf eine Mittelschule, vergleichbar mit Gymnasien, oder auf Fachschulen gehen. An vielen Mittelschulen kann das Deutsche Sprachdiplom erworben werden.

Außerdem gibt es mehrere Hochschulen und Fachhochschulen in Kroatien, alleine in Zagreb gibt es drei Universitäten. Hinzu kommen 40 Forschungsinstitute und wissenschaftliche Großprojekte von Bio- und Naturwissenschaften bis Medizin, Ökonomie und Philosophie. Obwohl in vielen Bereichen gute internationale wissenschaftliche Kontakte aufgebaut wurden, stellt die Abwanderung gut ausgebildeter Menschen nach Nord- und Westeuropa ein großes gesellschaftliches Problem dar.

4. Kroatien als Mitgliedsstaat der EU

4.1 Die Balkanländer als EU-Mitgliedsstaaten

„Es ist erklärtes Ziel der Europäischen Union, auch die Länder Südosteuropas (Albanien, Bosnien und Herzegowina, Kroatien, die ehemalige Jugoslawische Teilrepublik Mazedonien sowie Serbien und Montenegro, einschließlich Kosovo) in ihr System der Stabilität, des Friedens, des Wohlstands und der Freiheit einzubeziehen."[12]

Die EU hat sich obiges Ziel gesetzt, um Wiederaufbauhilfe in diesen Ländern zu betreiben, wovon Kroatien profitiert. Mit diesem Ziel haben die aufgeführten Länder die Möglichkeit an dem CARDS-Programm zu partizipieren. Dieses Programm ist ein Hilfsprogramm für die Balkanländer, mit dem der Wiederaufbau des Landes, die Entwicklung und Stabilisierung gefördert werden sollen.

Die Prioritäten des Programms sind von Land zu Land unterschiedlich, wobei momentan bei den Balkanstaaten der Schwerpunkt auf der Entwicklung der Institutionen der Exekutive und Legislative sowie auf der Harmonisierung der nationalen Gesetzgebungen an das Gemeinschaftsrecht der EU liegt. Auch die Festigung der Demokratie, die Wahrung der Menschenrechte sowie eine stabile Marktwirtschaft sind allgemein erklärte Ziele und Prioritäten.

Der Handel mit den Balkanstaaten ist insoweit liberalisiert, dass über 80% der Exporte aus den Balkanstaaten in die EU zollfrei sind. Eine erweiterte Liberalisierung ist in den Stabilisierungs- und Assoziierungsabkommen vorgesehen.

4.2 Beziehungen zwischen der EU und Kroatien

Die Beziehung zwischen der EU und Kroatien war bis zum Jahr 2000 nicht sehr gut aufgrund der damaligen Regierung. Als 2000 ein Regierungswechsel erfolgte, änderte sich das, weil die neue Regierung seitdem die Ziele des Stabilisierungs- und Assoziierungsabkommens der EU stetig verfolgt. In diesem Abkommen, was am

---

[12] http://europa.eu.int, 14.01.06

01.02.2005 in Kraft getreten ist, ist eine Zusammenarbeit in verschiedenen Bereichen vorgesehen:

- Politikdialog
- Regionale Angelegenheiten
- Angleichung des kroatischen Rechts an das Gemeinschaftsrecht
- Errichtung einer Freihandelszone

Kroatien nimmt seit 2001 an dem CARDS-Programm (Community Assistance for Reconstruction, Development and Stabilisation) der EU teil, mit dessen Geldern folgende Projekte realisiert werden konnten:

- Rückführung der Flüchtlinge und Vertriebenen
- Projekt im Wirtschafts- und Sozialbereich
- Aktionen im Legislativ- und Verfahrensbereich
- Integrationsförderung (Wiederaufbau von Wohnungen, Instandsetzung und Modernisierung von Infrastruktur im Wirtschafts-, Sozial- und öffentlichen Bereich, Minenräumung, sowie KMU-Förderung)

Nachdem Kroatien 2003 einen Antrag auf einen Unions-Beitritt gestellt hat, gab die Europäische Kommission 2004 eine positive Stellungnahme ab und empfahl die Beitrittsverhandlungen zu eröffnen, dem der Europäische Rat zustimmte, wodurch Kroatien den Status eines Kandidatenlandes bekam.

Daraufhin sollte der Ministerrat den Rahmen der Beitrittsverhandlungen verabschieden unter Vorbehalt der uneingeschränkten Zusammenarbeit Kroatiens mit dem Internationalen Strafgerichtshof für das ehemalige Jugoslawien in Den Haag. Die Verhandlungen hätten im März 2005 aufgenommen werden sollen, was der Ministerrat ablehnte aufgrund mangelnder Kooperation mit Den Haag im Fall Ante Gotovina, einem seit 2001 angeklagten Kriegsverbrecher, der auf Platz 3 der meist gesuchten Kriegsverbrecher der jugoslawischen Kriege gilt.

Die Verhandlungen mit Kroatien wurden schließlich im Dezember 2005 aufgenommen, nachdem bestätigt wurde, dass Kroatien vollständig mit Den Haag zusammenarbeitet. Ziel soll sein, Kroatien 2009 Mitglied der EU werden zu lassen.

Dass die Verhandlungen schnell wieder aufgenommen wurden, liegt auch daran, dass Österreich sich für Kroatien eingesetzt hat, wobei das wirtschaftliche Interesse der österreichischen Unternehmen an Südosteuropa dabei eine Rolle gespielt habe[13]. Mit seinem Engagement für den Westbalkan stärkt Österreich nicht nur seinen Einfluss in diesem Bereich, auch das massive wirtschaftliche Interesse österreichischer Unternehmen in Südosteuropa dürfte eine Rolle gespielt haben.

Aufgrund der langen Verzögerung des Beginns der Beitrittsverhandlungen hat die Bevölkerung Kroatiens mittlerweile Zweifel, ob ein EU-Beitritt so vorteilhaft für Kroatien ist. Während es 2003 82% befürworteten, Mitglied der EU zu sein, sind es in 2005 34%[14]. Die Bürger Kroatiens sehen mittlerweile die von der EU geforderte bessere Zusammenarbeit mit dem Kriegsverbrechertribunal in Den Haag als kontinuierlichen Druck an. Hinzu kommt, dass die EU zurzeit mit Problemen wie hoher Arbeitslosigkeit, schlechter wirtschaftlicher Lage und mit der Einführung einer europäischen Verfassung kämpft und die Kroaten sich nicht mehr sicher sind, ob ein Beitritt zur EU die sozialen und wirtschaftlichen Probleme in Kroatien lösen könnte.

4.3 Fortschrittsbericht 2005 von Kroatien

Im aktuellsten Fortschrittsbericht über Kroatien wird die bisherige Erfüllung der Kopenhagener Kriterien seitens Kroatiens dargestellt. Im Großen und Ganzen erfüllt Kroatien die Kriterien und es gibt wenige kritische Bereiche, die eine große Hürde für Kroatien darstellen. Dennoch gibt es Handlungsbedarf, z.B. im Justizwesen und bei der Gleichberechtigung von Minderheiten.

Seit dem Regierungswechsel im Jahr 2000 verfolgt Kroatien die Ziele des Stabilisierungs- und Assoziierungsprozesses der EU engagiert und ernsthaft. Demokratie und Rechtsstaatlichkeit hat Kroatien bereits bewiesen. Andere Bereiche aus dem Abkommen sind der Politikdialog, regionale Angelegenheiten, Angleichung des kroatischen Rechts an das Gemeinschaftsrecht der EU und die Errichtung einer Freihandelszone.

---

[13] Vgl.: http://www.europa-digital.de/, 15.01.06
[14] Vgl.: http://www.europa-digital.de/, 15.10.06

Die politischen Kriterien sind weitestgehend erfüllt. Kroatien hat eine stabile Demokratie, die letzten Wahlen in 2003 verliefen fair und demokratisch und die Menschenrechte werden geachtet sowie eine Gewaltenteilung vollzogen. Große Fortschritte hat Kroatien im Staatsaufbau sowie im Kampf gegen Korruption gemacht,
was weiter ausgebaut werden kann. Die Beziehungen zu den Nachbarstaaten haben sich verbessert und es wurden verschiedene Abkommen geschlossen. Dennoch gibt es in einigen Bereichen Handlungsbedarf.

Aufgrund der mangelnden Zusammenarbeit mit Den Haag in der Vergangenheit
bleibt die kontinuierliche Zusammenarbeit mit dem Kriegsverbrechertribunal Voraussetzung für einen EU-Beitritt, weil es Verbesserungspotenzial bei der konse-
quenten Verfolgung von Kriegsverbrechern gibt.

Obwohl es ein Rahmenwerk für die gleichmäßige Achtung aller Minderheiten im
Land gibt, muss die Gleichberechtigung von Serben und Roma konsequenter verfolgt werden. Die Unterstützung der Wiedereingliederung der rückkehrenden
Flüchtlinge in die Gesellschaft verläuft langsam und eine notwendige Justizreform
steht aus, die mit einer besseren Ausbildung die Justiz qualitativ aufwerten soll. Der
einzige Fortschritt in der Justiz ist, dass der Rückstand der Prozesse minimiert wurde.

Die wirtschaftlichen Kriterien sind größtenteils gut erfüllt worden. Kroatien hat eine
funktionierende Marktwirtschaft, mit der es dem Wettbewerbsdruck auf dem EU-
Binnenmarkt standhalten kann. Die auf eine stabile ausgerichtete Makroökonomie
weist eine niedrige Inflationsrate auf. Der Wechselkurs der Kuna ist stabil. Allerdings muss das Steuersystem reformiert werden, hauptsächlich die direkten und
indirekten Steuern.

Die Schulden sind zurückgegangen und die Regierung bemüht sich das Gesund-
heits- und Rentensystem zu stärken. Außerdem wächst der Bankensektor weiter
und die Aufnahme eines Geschäftes sowie dessen Aufgabe wurden vereinfacht.

Im Rahmen der Liberalisierung wurde unter anderem der Telekommunikationssek-
tor liberalisiert, so dass sich private Anbieter etablieren konnten, was auf andere
Bereiche ausgedehnt werden muss. Hinzu kommt die Verbesserung der Infrastruk-

tur vor allem im Bereich der Autobahnen.

Neben diesen Erfolgen, gibt es nicht erledigte Punkte auf der Agenda der kroatischen Regierung:

- Externe und fiskale Schwierigkeiten
- Die lange Dauer der Marktein- und -austritte
- Große staatliche Einwirkungen in die Wirtschaft
- Viele Unternehmen sind in staatlicher Hand (Schiffsbau, Stahl und Energie)
- Auslandsverschuldung

Diese nicht gelösten Probleme führen dazu, dass Kroatien strikter die Umsetzungspläne verfolgen muss um die Kopenhagener Kriterien 100%ig zu erfüllen.

Bei der Übernahme des „acquis communautaire" muss Kroatien aktiver werden und die geforderten Reformen mit mehr Nachdruck umsetzen. Kroatien hat in vielen Punkten des „acquis communautaire" Fortschritte gemacht, aber es ist kein Punkt hundertprozentig erfüllt.

Die größten Defizite gibt es in der freien Wahl des Arbeitsplatzes für Minderheiten und dem Bereich der Diskriminierung von Minderheiten, sowohl ethnische Gruppen als auch Geschlechter.

Der Grundsatz der Niederlassungsfreiheit ist nicht gewährleistet und es gibt Defizite in der Informationsgesellschaft und den Medien. Es gibt wenig Wettbewerb und Mängel im Telekommunikationsgesetz sowie beim Datenschutz im E-Commerce.

Ein weiterer Problembereich ist die Landwirtschaft, wo es weder einen funktionierenden Markt gibt noch eine gemeinsame Agrarpolitik, was wichtig für Kroatien ist, weil 40%[15] der Landesfläche landwirtschaftlich genutzt werden. Was den Verbraucherschutz angeht, ist viel zu tun, denn es gibt keine Marktüberwachung und kei-

---

[15] Vgl.: 3D Weltatlas, Wissen Digital, Kroatien

nen umfassenden Verbraucherschutz. Im Bereich der Gesundheitssicherung der Bevölkerung haben sich Arbeitskreise gebildet, die sich bspw. mit dem Problem der Vogelgrippe beschäftigen.

In der Energiewirtschaft muss sich Kroatien stärker um erneuerbare Energien und Ressourcen kümmern und um die Versorgung des Landes in Engpasssituationen sichern.

Die Bildungspolitik weist Mängel auf, denn das Bildungssystem muss sich auf die soziale Marktwirtschaft fokussieren, weshalb die Qualität der Bildung verbessert werden muss um auf europäischem Level mithalten zu können.

Fortschritte sind im Bereich des freien Warenverkehrs zu verzeichnen, wo Kroatien Standardisierungen vorgenommen hat. Standardisierungen sind auch im freien Kapitalverkehr erfolgt, was sich durch weniger Vorgaben für Kapitalbewegungen und Zahlungen zeigt. Im Bankensektor gab es ebenfalls Fortschritte sowie in der Sicherheitspolitik. Kroatien wendet die Grundsätze der UN im Bereich Antiterror-Bekämpfung an und arbeitet mit anderen Staaten zusammen um die Sicherheit in Europa zu erhöhen.

4.4 Zusammenfassung

Der EU-Beitritt Kroatiens hat zahlreiche Vorteile für das Land, weil Kroatien von einer Gemeinschaft profitieren kann, die ein stetiges Wirtschaftswachstum, niedrige Arbeitslosigkeit, freien Waren- und Dienstleistungsverkehr und gleichberechtigte wirtschaftliche Chancen aller Mitgliedsländer und deren Bürger zum Ziel hat. Außerdem erfüllt Kroatien einen großen Teil der Kopenhagener Kriterien.

Die noch ausstehenden Reformen wurden zum Teil bereits angestoßen oder sind in Planung. Wenn Kroatien weiterhin gut mit dem Kriegsverbrechertribunal in Den Haag kooperiert, erfüllen sie die Grundvoraussetzung. Ein elementares Problem, was mit Nachdruck verfolgt werden muss, ist die Gleichbehandlung und -berechtigung der Minderheiten im Land, vor allem der Serben und Roma.

Enorm wichtig ist, dass Kroatien sich auf die Erfüllung der Vorgaben des „acquis communautaire" konzentriert, weil es da die meisten Defizite gibt, was wiederum für einen EU-Beitritt enorm wichtig ist um zu zeigen, dass Kroatien den Besitzstand der EU würdigt.

5. Fazit

Kroatien ist auf einem guten Weg, die Kopenhagener Kriterien zu erfüllen und hat bisher gute Arbeit geleistet, weshalb ein Beitritt befürwortet werden könnte. Kroatien hat seit dem Regierungswechsel in 2000 viele Fortschritte gemacht um die EU-Beitrittskriterien zu erfüllen.

Für Kroatien hätte ein EU-Beitritt viele Vorteile, wie bereits erwähnt, aber der Regierung muss klar sein, dass sie nur von diesen profitieren kann, wenn sie mit Nachdruck die nötigen Reformen durchsetzt. Denn das Prinzip der EU funktioniert nur so lange wie die Mitgliedsländer sich an die Vorgaben der EU halten, alle im Bereich der Kopenhagener Kriterien auf einem Level sind und alle die Ziele der EU konsequent verfolgen wollen und können.

Für Kroatien heißt das, dass die angestoßenen Reformen unbedingt forciert werden müssen um bspw. eine menschenwürdige Behandlung der Minderheiten zu gewährleisten und das soziale System zu verbessern sowie das „acquis communautaire" zu achten.

Wenn Kroatien also weiterhin die Vorgaben der EU durchsetzt und das mit mehr Nachdruck und Nachhaltigkeit, dann hat Kroatien gute Chancen 2009 der EU berechtigterweise beitreten zu können. Dennoch bleibt die grundlegende Frage, ob es Sinn macht immer mehr Länder in die EU aufzunehmen und ob die Integrationsdynamik der EU nicht minimiert wird durch mehr Mitgliedsländer mit verschiedenen Kulturen und zum Teil kritischen Vergangenheiten.

34

6. Literaturverzeichnis

Berg und Kampfer (2004):   „Verfassung für Europa - Der Taschen-
kommentar für Bürgerinnen und Bürger",
1. Auflage, Bertelsmann Verlag Bielefeld

Borchardt, Klaus-Dieter (2002):   „Die rechtlichen Grundlagen der Europäischen
Union", 2. Auflage, C.F. Müller Verlag
Heidelberg

Cassel, Dieter (1998):   Schriften des Vereins für Sozialpolitik,
„Europäische Integration als ordnungspolitische
Gestaltungsaufgabe", Band 260, Duncker &
Humblot Verlag Berlin

Emmert, Frank (1996):   „Europarecht", 1. Auflage, C.H. Beck Verlag
München

Holtmann, Jörg (2003):   „Europarecht", 3. Auflage, Alpmann und Schmidt
Verlag

Oppermann, Thomas (2005):   Juristische Kurz-Lehrbücher, „Europarecht", 3.
Auflage, Verlag C.H. Beck München

Sell, Friedrich L. (2002):   „Aktuelle Probleme der europäischen Wirt-
schaftspolititk", 1. Auflage, Lucius & Lucius
Verlag Stuttgart

Sieber, Horst (2000):   Kieler Studien 309, „Wirtschaftliche
Auswirkungen einer EU-Erweiterung auf die
Mitgliedsstaaten", Mohr Siebeck Verlag

Streinz, Rudolf (2003):   „Europarecht", 6. Auflage, C.F. Müller Verlag
Heidelberg

Wagner, Helmut (1998):   „Europäische Wirtschaftspolitik - Perspektiven
einer Europäischen Wirtschafts- und Währungs-
union (EWWU)", 2. Auflage, Springer-Verlag

Skript Herr Knaup

Auswärtiges Amt
http://www.auswaertigesamt.de/www/de/europa/erweiterung/kroatien_html,
14.01.06

http://www.auswaertiges-amt.de/www/de/europa/erweiterung/warum_html, 14.01.06

EU

http://europa.eu.int/comm/enlargement/cards/publications_en.htm, 09.01.06

http://www.mei.hr/default.asp?ru=215&sid=&akcija=&jezik=2, 09.01.06

Europa-Digital

http://www.europa-digital.de/aktuell/dossier/erweiterung05/kroatien4.shtml, 15.01.06

http://www.europa-digital.de/laender/kro/nat_pol/, 13.01.06

Wikipedia

http://de.wikipedia.org/wiki/Bild:Europe_satellite_orthographic.jpg, 14.10.06

http://de.wikipedia.org/wiki/Bild:European_union_history_map_de.png, 14.10.06

http://de.wikipedia.org/wiki/Bild:Hr-map.png, 14.10.06

http://de.wikipedia.org/wiki/EU#Gr.C3.BCnde_und_Ziele, 14.10.06

http://www.deutschebotschaft-zagreb.hr/de/home/touristisches.html, 14.01.06

http://europa.eu.int/scadplus/leg/de/lvb/r18009.htm, 10.01.06

http://europa.eu.int/scadplus/leg/de/lvb/r18009.htm, 14.01.06

3D Weltatlas, Wissen Digital, CD-Rom